SOY COMO SOY Y QUÉ

Raquel Valle-Sentíes's *Soy Como Soy y Qué*, first published by M & A Editions in San Antonio, Texas, in 1996, and now in a new expanded edition, chronicles her journey of self-discovery, which leads from Laredo to Veracruz and back. This new edition's first part, entitled "Laredo," documents the poet's experience growing up in Laredo, Texas, on the U.S.-Mexico border, a region neither Mexican nor American, where both cultures clash and converge. In the second section, "Veracruz," the poet confronts the domestic oppression imposed by her husband's traditional Mexican machismo and the disdain she encounters in Mexico for being an American, a *gringa,* a *pocha*. The final section, "*Ahora*," tracks her return to Laredo, where her divorce and disillusionment ultimately push her to forge her independence. The final poem, "Soy como soy y qué," now a border classic, affirms her identity as a *fronteriza*, neither totally Mexican nor totally American yet an alchemy of both.

The original 1996 edition of 33 poems, written primarily in Spanish and Spanglish, won the 1997 International Premio de Literatura José Fuentes Mares in Letras Chicanas awarded by the Universidad Autónoma in Ciudad Juárez, Chihuahua, México, Valle-Sentíes being the first woman to receive this award. This new edition includes the original 33 award-winning poems plus several new unpublished poems, most written in English yet all discrete in tone and theme. Overall, Valle-Sentíes offers a valuable glimpse into the dynamic, multi-layered world of the border, *la frontera*, and invites us to rediscover or discover for the first time her distinctive literary voice.

SOY COMO SOY Y QUÉ

Raquel Valle-Sentíes

Prólogo por Dra. Norma E. Cantú

Nueva edición ampliada

First edition edited by Carlos Nicolás Flores

This edition edited by Randy Koch

Spanish edited by Malena Charur

Cover design by Dora María Vergara

Copyright © 2025 Raquel Valle-Sentíes

All rights reserved. No part of this publication may be reproduced or transmitted in any form or by any means, electronic or mechanical, including photocopy, recording, or any information storage and retrieval system, without permission in writing from the author, except in the case of brief quotes embodied in critical articles and reviews.

ISBN: 979-8-218-52868-3

Praise for the First Edition

Raquel Valle-Sentíes takes us through the streets of Laredo, feeling the dust and the heat, the frustration, the love, and the marks of life that will never leave us. *Habla con fuerza, franqueza, humor y visión clara. Este es el cuento de una mujer de dos naciones, de los amores, de bodas y funerales, contado todo con humor y humanidad, filosofía y realidad. Es un chilito picoso que nos deja queriendo más.* It is a great jewel of a crown for Laredo and the Southwest.
—Dr. Carmen Tafolla, Poet Laureate of San Antonio, Texas, 2012-2014; author of *Sonnets to Human Beings* and *The Holy Tortilla and a Pot of Beans*

Feroz, fuerte, y sensual como la frontera. I love the voice Raquel Valle-Sentíes gives to Texas writing. *Malcriada, hocicona, traviesa, sinvergüenza,* in other words, she is an excellent woman.
—Sandra Cisneros, author of *The House on Mango Street*

En su poemario, *Soy Como Soy y Qué,* la poeta-dramaturga, Raquel Valle-Sentíes, nos pinta un cuadro simpático-satírico del medio ambiente laredense. Su poesía lleva lumbre. Hay que oír esta voz de mujer, clara y directa, franca—diríamos devastadora—que viene abriéndose paso, segura de sí misma. Que viene con mucho garbo, como para decir: Hablando de poetas, no son los que están, ni están los que son.
 ¡Bravo, Raquel! … Un abrazo, y adelante pues.
—Angela de Hoyos, author of *Woman, Woman*; co-publisher of M&A Editions in the 1970's

A mis hijos Daniel, Juan Manuel, Jorge, Rogelio, y Rodolfo y a mi madre Raquel García Valle (q.e.p.d.).

SOY COMO SOY Y QUÉ

RECONOCIMIENTOS

Mi agradecimiento al maestro Carlos Nicolás Flores por su fe en mí. Sin su colaboración, este libro habría sido solo un sueño.

Mil gracias a Profa. Martha Fenstermaker (q.e.p.d.); Juan Manuel Sentíes, Jr., y Profa. Rosa María De Llano.

Gracias también a las Sras. Josie Flores Guerra (q.e.p.d.); y Olga Valle Herr y Dr. Daniel Sentíes y Sra.

The first edition of this book was published by M&A Editions in 1996 in San Antonio, Texas. The second edition was published by Cactus Ediciones, Tamaulipas, México, in 1999.

CONTENTS

Prólogo   xi

I. LAREDO

Raquel	1
Raquel, la rebelde a los seis años	2
Growing Up *en* Laredo	3
Los colores de mi mundo	5
Laredo	6
112° in Downtown Laredo	8
La feria nupcial	9
El cubrevientos	13
Mal de ojo	15
Puntos de vista	16
Did *Gringos* Have *Piojos*?	17
Pa' Chano	19
Padre ausente	21

II. VERACRUZ

Pregunta sin respuesta	25
Vislumbre	26
Retrato de un hombre	29
Egoísmo	30
Aquella Navidad	32
Day of the Dead	34
Culpas	36
El varón domado	38
El festín	39

Soñando a las orillas del Papaloapan	41
Cierre de campaña	43
En agradecimiento	46
Es mejor cortar por lo sano	48

III. AHORA

Dos mujeres en Nuevo Laredo	53
Where Did That Girl Go?	55
M.M.	58
Hasta en la sopa me los encuentro	62
¿Velada o velorio?	64
If Shoes Could Talk	67
Hard Bodies, Perfect Parts	69
Nonsense Poem	70
Sometimes	71
El salón de belleza	72
Desfile mexicano	73
The Cardinal's Visit	74
Danza conchera	75
Hacia el infinito	77
Caminos	78
Soy como soy y qué	82

Prólogo

Hacer un poema es cantar a la vida,
Renovar nuestra fe, cruzar fronteras.

—*Rigoberta Menchú*

Parece que estas palabras de Rigoberta las hubiera dicho pensando en la poeta fronteriza Raquel Valle-Sentíes, heredera de una tradición que se remonta en la historia literaria de esta región geográfica que es la frontera donde Texas y México se unen, o se dividen. Ya Sara Estela Ramírez, a principios del siglo, y Angélica Martínez, recientemente, igual que tantas otras poetas laredenses, han cantado a la vida, cruzando fronteras y más que nada renovando nuestra fe desde que los gobiernos crearon la división política en 1848 con el Tratado de Guadalupe Hidalgo. La obra de Valle-Sentíes, ya sea poesía, teatro o cuento corto, siempre es fronteriza, y siempre, con palabras bien talladas hasta sacar lustre al matiz natural, se distingue por una temática llena de acertijos que el ser mujer y ser fronteriza le brindan.

La poesía que aquí nos presenta, recopilada bajo el título de *Soy Como Soy y Qué*, brinda al lector amplio campo para regocijarse en el idilio de la niña que, creciendo en el ambiente fronterizo, contempla un cielo tormentoso, y desafiando las amenazas de los adultos todo lo observa, soñando con las delicias después de la tormenta. Igualmente, al adentrarnos en la colección, nos enfrentamos con la mujer soñadora de poemas fuertes y directos, esposa y madre que al fin se libera de situaciones que le obligan a comprometer su propio ser para regresar al principio, a la frontera donde observa los turistas y escucha el racismo de quienes, ajenos a la frontera y a la riqueza de su hablar, de su ser, maldicen sin saber y solo logran descubrir cuán ignorantes son. Escudriñando a orillas del Río Papaloapan o a orillas del

Río Grande, con ojo satírico y penetrante, todo lo observa esa mujer sardónica y sagaz de la última parte dolorosa y emocional de la colección.

Son varios mundos los que nos brinda Valle Sentíes en sus poemas: el de la niña que aborreciendo las trenzas rehúsa valientemente vestirse de china poblana y la retrata su padre con el vestido colgando de su mano, el de la mujer esposa y madre, ajena y alejada de la vida de la frontera, pero nunca ajena a la realidad de ser fronteriza y de no ser de ni un mundo ni de otro sino de un mundo en penumbra, lo que Gloria Anzaldúa nombrara, *nepantla*. Ese mundo que une elementos del norte, como lo es Marilyn Monroe en "M.M." y del sur, como es la vida de provincia de "Soñando a orillas del Papaloapan". En todo lugar, sin embargo, se confronta con la realidad de un machismo inherente que a veces regocija como en la figura del abuelo en "Pa' Chano", pero también castiga como en los poemas al padre ausente y al marido infiel. La persona de los poemas traza un camino difícil pero bien recorrido por otras tantas mujeres.

Esta colección añade una voz más a la canción de la vida de nuestra tierra fronteriza, cruza fronteras, jamás ignora que existen, y nos ofrece nueva fe para salir adelante y hacer camino al andar en estos terrenos que siguen incitando angustias y regocijos.

Los poemas de la infancia y la juventud, así como los retratos del abuelo y las fiestas, celebran la vida fronteriza. Pero no dejan de vibrar con la realidad costumbrista. En los poemas dedicados a Laredo sobresalen las contradicciones que Anzaldúa subraya en *Borderlands: la frontera*. Es un love-hate relationship que no llega a resolverse, y es contundente en "Laredo". "Growing Up en Laredo" emplea el lenguaje Spanglish y se remonta en una nostalgia a lo que fue; el pasado, ya sea en la religión o en la educación, siempre era más sencillo, más puro, as the poem says, "growing up en ese tiempo fue una cosa bien bonita". Pero aun en el idílico pasado existe el dolor como en "Culpas" y también en "Raquel" la contradicción existe. En este caso es el mismo hecho de nombrar y se sitúa en una polémica de la iglesia al ser bautizada y de la escuela en el primer día de clase, en ambos casos la niña heredera de su cultura se encuentra entre comillas con nombre judío al ser cristiana.

Cruzar fronteras siempre conlleva riesgos y así es en los poemas en los que se aleja y se va hacia el sur, ese sur mexicano que se vuelve tropical, con animales y árboles tan diferentes. En vez de rompevientos y mesquites son árboles de aguacate, mangos, plátanos los que brindan sombra y reposo. Pero la sociedad no adopta a la pocha. No le hace lugar, sino que la pone en su lugar. Y es el machismo tajante de esa sociedad y el comportamiento del que ella cree su protector en esa tierra lejana y bella, el sostén de ese matrimonio que con el tiempo barre con toda traza de amor y al traicionar hiere, lastima, y al fin dice la voz narradora, hay que cortar por lo sano y regresar a su país.

En "Caminos" la voz narradora nos invita a recorrer viejos caminos y se detiene a comentar, a observar, pero siempre sigue adelante, aun cuando el viaje es hacia el pasado. Estos poemas son en conjunto, espejo donde nos podemos ver a nosotras mismas por los reflejos de una fronteriza, por sus caminos de una vida bien vivida.

Es en el poema titular donde nos revela lo complejo y a la vez sencillo de vivir en la frontera. Igual que las banderas de los dos países vuelan lado a lado e igual que en cumpleaños se canta el "Happy Birthday" y "Las mañanitas", así es la vida en la frontera, un *collage* de lo que es "mexicano" y lo que es "estadounidense".

Ambas realidades se ubican en el ser fronterizo. Y son las imágenes de ambas las que resultan ser el "sitio" que ocupa la voz poética, y que componen un total netamente fronterizo. El poema titular, al unir los hilos temáticos de la colección, une esa voz singular al lector que no puede resistir la invitación a probar ese bocado único compuesto por la experiencia de vivir en la frontera.

Y es en los últimos poemas donde sobresale la fe, esa fe que nos impulsa a seguir viviendo, a seguir adelante llenas de ilusión, aunque con una pizca de cinismo que sugiere tener la cabeza en las nubes, pero con los pies bien plantados en un cantarle a la vida, expertas en cruzar fronteras y con una visión global que todo lo abraza, todo lo comprende, todo lo domina, y todo (o nada) lo entiende. Es esto lo que la colección inspira: nostalgia, empatía y, más que nada, fe en nosotras mismas.

Como diríamos en Laredo ¡se avienta la Raquel!

—Dra. Norma Elia Cantú

LAREDO

RAQUEL

"¿Por qué nombre judío?"
pregunta el padre frunciendo el ceño.
Me rocía mi cabecita con el agua bendita.
Ya soy cristiana con nombre judío.

"Don't you have a Christian name?"
asks Sister Mary Theresa,
her blue eyes dancing
on my first day of school.
I shrug.
"Now you'll be Raquel María."

"¿Por qué me pusiste este nombre
tan feo?" le reclamo a mi madre Raquel.
Yo quiero llamarme Cindy o Candy o Wendy.
Un nombre dulce, suave, gringo.

Raquel
mujer fuerte
del antiguo testamento,
Raquel Welch,
mujer fuerte
de cine y televisión.
Raquel, mujer fuerte.

RAQUEL, LA REBELDE A LOS SEIS AÑOS

Debajo de cejas fruncidas
brillan mis ojos color de miel
con lágrimas sin derramar.
Mi boquita hace pucheros.
Ricitos castaños con reflejos dorados saltan
libres de las trenzas que pretenden atarlos.
Una pantaleta blanca cubre mi desnudez.
Mis pies descalzos plantados firmes
en pose desafiante sobre la tierra. Mi mano
detiene la punta del traje verde, blanco y rojo
de china poblana bordado de lentejuelas
que brillan en el sol; el resto yace
empolvándose en el suelo.

Yo quería soltarme las trenzas.
Mami dijo que no.
Papi me retrató en mi desafío.
Mi hermanita Olga dulcemente posó
en su traje y sus trencitas de ratón.
Impotencia. Rebeldía.
Un mundo de cosas captadas
en un instante para la posteridad.

GROWING UP *EN* LAREDO

Chicana, pocha, Tex-Mex, Mexican-American,
Latina, Hispanic. So many labels. Which one
should I use? They're all the same to me.
Yo nací en el border. *En* Laredo, as a matter
of fact. *Había pocos gringos.* They were
a minority. *Hasta la fecha* they still are. *Nadie
tenía* labels, or I was unaware of them. We were
all Americans, *unos güeros, otros morenos
y crecí* talking like this.

El get-together *ya empezó.*
Los guys *ya están llegando.*
Préstame tu lipstick, *el* Fire and Ice
que está bien rojo. Is my *crinolina*
hanging out?
Qué va, you look *bien padre.*
Me aprieta mucho el Merry Widow.
I think I'll take it off.
No huerca, te hace ver muy sexy.

On Sundays *íbamos a* morning mass.
No había en la tarde mucho menos
on Saturday *que te valiera* for Sunday.
A la una we'd go *al centro a ver*
the latest movie, *al* Tivoli *o al* Rialto,
al Plaza *o al* Royal, *después al* City
Drug *a flirtear con los huercos,*
comer French fries *con* gravy, *tomar un*
Cherry Coke, *pasar allí la tarde.*
El hangout *de los gringos era el*
Central Drug. We never went there.
Discrimination I suppose but of
our own accord.

The guys would whisper

Soy Como Soy y Qué

de Conchita's Place across
the river. We were dying
to ask about it but *nadie se atrevía.*
Let's go and eat *cabrito con frijoles
bien borrachos.* There was no such
thing as *nachos, patos* or *burritos.*
If you asked for a *mariachi,*
you got a band *cantando rancheras.*
En St. Angela's Hall *debajo del* eagle
eye *de la* Gerarda *y la* Gabriela
bailábamos cheek to cheek
to the tunes of Joni James and
Nat King Cole. *Echábamos estilo
con el clásico danzón y el Mambo #5.*
Growing up *en ese tiempo fue una cosa
bien bonita* without having all those
labels *pa' complicar más las cosas.*

LOS COLORES DE MI MUNDO

Mi mundo está lleno de colores.
Une tu alma a la mía
y te lo mostraré.
Viajaremos en el espacio,
rojo como los maples en el otoño
que se ruborizan ante el beso gélido
del incipiente invierno.

El viento triste,
morado como el luto
que a los santos tapa,
solloza sin cesar.
La luna azul
melancólica como el jazz.
La noche, mezcla de todos los colores,
me envuelve toda,
me esconde toda.

Cuando el cielo llora
sobre mí, caen pétalos plateados
que perfumada dejan
mi piel desnuda,
mi piel ardiente,
y se unen a los pétalos
de mi alma desgarrada.

Mi alma es un arco iris de colores.
Solo a ti, te he mostrado
este mundo de colores
en el que vivo yo.

LAREDO

¡Te odio! ¡Te amo!

Odio your dusty unpaved streets
and blistering days
of a never-ending summer.

Amo tus fiery sunsets that tint
el cielo with burnished copper
streaked with peach and purple.

Odio the dry parched *tierra,*
open cracks waiting for rain
like baby birds waiting for worms.

Amo the Depot District *con
sus* stately mansions, decaying
dowagers, remnants of a bygone era.

Odio la cloaca the *Río Grande*
has become... thick, fetid, murky
like the slop pails of long ago.

Amo the nearness of *México*
divided by a border,
united by our *raíces.*

Odio el downtown, what we have
made of it, an old harlot whose beauty
no amount of paint can bring back.

Odio las traffic lights
day and night
always out of sync.

Amo las purple bougainvilleas,
whose vivid color
brightens patios all year round.

Odio los cadillos
that stick painfully to my bare feet
and the weeds that never die.

Amo your Tex-Mex culture
where *hablar español*
is an asset, not a liability.

Odio the spray-painted fences,
zombied messages of decadent youth.

Pero more than anything, Laredo,
amo your people,
mi gente que te ama y te odia como yo.

112° IN DOWNTOWN LAREDO

I park in the shade of a no-parking zone.
Asphalt sticks to my heels like a leech.
"Why shop on a day like this?" I moan.

Windblown hair no Spray Net resolves.
Smudged mascara rims my eyes.
Make-up and lipstick start to dissolve.

Nylon-clad thighs rubbed raw to the core.
Jostled by locals and tourists alike
searching for bargains amid sales galore.

Fed up with shopping and the heat,
I spy the ticket on my windshield
and with a drooping head, admit defeat.

I'll never shop again in June
on such a dog-day afternoon.

LA FERIA NUPCIAL

Hay que tener la boda del año
aunque para tenerla
haya que comprometer
a la familia,
amistades y conocidos
invitándolos a ser
padrinos de salón,
padrinos de la música
padrinos de pastel,
padrinos de licor,
hasta de anillos,
aunque haya que quebrarse la cabeza
para buscar quinientos "amigos"
a quien invitar,
aunque haya que dar un tarjetazo
para pagar la limusina,
aunque no les quede
para amueblar la casa.

En la feria nupcial,
el ambiente romántico flota en el aire.
Los novios lo ven todo color de rosa,
los comerciantes todo verde.
En lugar de felicitarlos,
quisiera darles el pésame,
a los que están tan ansiosos por entrar,
como ansiosos están por salir
los que están adentro.
Quisiera gritarles que aún están a tiempo.
Que esa bambalina pintada de ilusiones,
fantasías, y sueños
se vendrá abajo
con el más leve de los empujones,
a veces en la misma luna de miel.

Soy Como Soy y Qué

El salón convertido en un gran clisé.
Los futuros novios, madres, y suegras
tomando champán visitan a los distintos
proveedores de la boda del año
mientras comienza el desfile
de vestidos de novia.

Sergio, el estilista,
con su cabello en corte de hongo,
al último estilo de la moda,
le asegura a la novia:
"Darling, con ese pelo que tienes,
te juro que te dejo *divine, divine*".
Mirando al novio con picardía,
"Y a tu galán, le puedo hacer
un trabajo MUY especial".
El novio sonrojándose jala
a la novia al siguiente puesto.

Los novios se paran embobados
ante una confección de azúcar
en seis tarimas de acrílico
que parece flotar en el aire
como set de los *Ziegfeld Follies*,
que pocas veces sabe tan bueno
como luce, pero entre más grande mejor.

La mesa redonda,
adornada de tul blanco,
lamé dorado,
jarrones de porcelana
con gladiolas frescas,
candelabros de plata,
adornan el puesto del decorador
de la iglesia, del salón.
"No quieran una boda de orquídeas

con presupuesto de margaritas",
bromeando les dice a los novios
el comentarista. "Planear una boda
es una pesadilla". Cuenta sus
experiencias con novias llorosas,
con suegras dominantes,
con madres frustradas que quieren
realizar en la boda de su hija
su sueño de la boda perfecta
de la familia de un novio
que se vistió toda de negro para la boda.
Las novias ríen nerviosas.
Las madres y las suegras
no se dan por aludidas.

Comienza el desfile.
Los trajes de novia
realizados en satín, tul, seda,
provocativos,
recatados,
de interminables colas,
con pesada pedrería
que brillan con cada vuelta
de las graciosas modelos.
Apantallantemente bellos.
Apantallantemente caros.
El desfile se vuelve aburrido,
demasiados vestidos,
imágenes borrosas entran, salen,
se confunden entre sí.
Estas creaciones según el comentarista
serán una herencia para futuras
novias de la familia.
Más bien será el símbolo
del fracaso más grande.
Será vendido por unos cuantos cobres.

Soy Como Soy y Qué

Será hecho jirones
en un momento de rabia y desilusión.
Será festejo para los ratones.

Tanto derroche.
Tanto fanfarroneo.
Tantas ilusiones.
Tanto romance.
Tan poca realidad.

EL CUBREVIENTOS

Eras parte de Laredo, de mi niñez.
Los pocos que quedan me recuerdan
a ti. El único árbol en el patio
de mi casa, te mantenías recio frente
a los fuertes nortes invernales,
vivo en las heladas,
verde en los veranos calcinantes
sin necesidad de riego,
nutriéndote de esa tierra inhóspita,
incomprensible, brava,
que es Laredo. Tus ramas anchas
de hojas verde seco me abrigaban
tras mis travesuras. Mamá quedaba
abajo,
yo arriba,
oculta,
a salvo.

Eras mi árbol mágico,
el trono de Sheena, reina de la selva,
donde reinaba sobre mis súbditos,
el brazo fuerte que sostenía el columpio
donde mis piernas tostadas por el sol
arañaban el aire impulsándome
más y más alto,
la sombra donde ponía mi mesita
de madera azul con pequeñas tazas
rosadas y servía el té a mi prima Yose.

En las noches de lluvia,
acostada en el catre de lona
en la galería de la casa,
te miraba embelesada.
Tus hojas tupidas de gotitas de agua

brillaban como marquesitas
a la luz del farol de la esquina,
mamá meciéndose en el sillón,
grillos chillando en un rincón obscuro.
Que lejos han quedado aquellos días.
No tengo un rompevientos en mi patio
pero tú sigues vigente en mí.
Como tú, crecí fuerte.
Como tú, aguante los azotes de la vida.
Mis raíces macizas, profundas
me hicieron subsistir con poco riego.

MAL DE OJO

Dice mi abuelita Mine
que si eres bonita,
te miran y no te tocan,
te da Mal de Ojo.
Que si te chulean algo
y no lo tocan,
se rompe o se pierde,
Mal de Ojo.
Que en su pueblo,
las madres le ponen
un moño rojo a sus bebés
y a sus animalitos más bonitos
pa' cuidarlos del Mal de Ojo.

Cuando mi tía Eunice se enfermó,
mi abuelita Mine puso un huevo
debajo de su cama y lo dejó
allí toda la noche. En la mañana
se lo talló por toditito el cuerpo.
El Mal de Ojo se salió.
Se metió en el huevo y mi tía
se alivió. Mi abuelita partió
el huevo. Era un ojo.
¡Te lo juro, yo lo vi!

PUNTOS DE VISTA

Olor a tierra mojada. Un relámpago parte
el cielo cargado de nubes negras. Estalla
el trueno y brinco del susto. Las gotas hacen
pocitos en la arena. Alzo la cara al cielo
pa' sentirlas en mi piel. Saboreo las gotas frías.
"Que llueva, que llueva, la Virgen de la Cueva".

"¿Niña, qué haces allí parada? ¿No ves
que la tempestad se acerca? Atraes
los rayos con tu pelo suelto".

Pronto habrá charcos; echaré barquitos de papel.
Meteré los pies en el agua y hundiré mis dedos
en el lodo. Más noche me acostaré en el catre
en la galería. Veré las gotas de agua brillar
en el cubrevientos a la luz del farol de la esquina
como las cuentas de mi traje de china poblana.
"Que llueva, que llueva, la Virgen de la Cueva".

"¡Niña! Haz caso. Ayúdame a cubrir los espejos
y no te pares junto a la ventana".

DID GRINGOS HAVE *PIOJOS*?

The fact that we did is supposed
to be very hush hush
casi un secreto militar.
Want to see my mother
all hot and bothered?
I'd say,
"*¿Cómo era el cuento de la
niña de la manteca? ¿Ése que
me contabas cuando me espulgabas?*"
From what I gather,
tener piojos era algo muy vergonzoso.

Did *gringos* have *piojos*?

Me los pegaron en la escuela.
Sister Mary Theresa saw one on my
hair, told my mother who got *histérica*
and ran to City Drug to buy
una botella de BB Brand *que tenía
el* picture *de un perro en el* label.
Como era during World War II,
no era fácil to get. When you poured
it out, *se hacían puras bolitas grises*
that stank. *Mamá me lo untaba
en el pelo como* shampoo.

I remember the hot lazy afternoons,
sus dedos going through my hair
searching for the nasty *bichos.*
For a while, *yo era el centro
de su atención.* She was all mine.
Los cuentos were the bribe
so I would sit still. They teemed

Soy Como Soy y Qué

with love and warmth
like bedtime stories but better
porque los inventaba para mí.

Since there were no *gringos*
in Holy Redeemer School,
I thought *piojos* were *parte
de nuestra herencia.*

Did *gringos* have *piojos*?

PA'CHANO

On Saturdays, my cousins and I gathered
around you, a carpenter like St. Joseph,
tall and thin as a cypress, eyes full of wisdom
behind round glasses and a Stetson that crowned
your silver hair. You gave each of us a quarter
and proudly showed us the gold coin
with the emblem of the Sons of Juárez etched
on it. We listened to your *cuentos* of the Mexican
Revolution, when *Los Dorados de Villa* galloped
through the villages of Nuevo Leon. Shooting
their rifles in the air, they left a cloud of dust,
trembling women, and crying children behind.

You spoke fondly of your grandmother
Rosalía who left Spain for the New World,
of your love for Mamá Chita and how you carved
your initials and hers on a towering
pecan tree in the plaza in Cerralvo.

You enjoyed vaudeville at the Royal Opera House
on Hidalgo Street where *cupletistas* sang
and Rubenesque dancers twirled
their ankles in the air to the music
of the French cancan.

You supped at five, dunking *conchas*
in your *café con natas*. I sat next to you,
chin on my hands, elbows on the white linen
cloth, awed by the creaking of your jaws
as you chewed.

You built Washington Park, where the Laredo
Apaches hit home runs into the fire station
in back and el "Oso" Montalvo, Procopio Herrera,
and Juan Sentíes thrilled the fans

on balmy summer nights.

On the Day of the Dead, you took us to the
Catholic cemetery. You hoed weeds and hauled
buckets of water for the gladioli Mom
and *tía* Rebeca arranged around the tombs
of my grandmother Mamá Chita and three
of your sons. Then you sat quietly as we knelt
and prayed. After lunch, you took
my cousins and me to buy sugarcane
in the stalls outside the cemetery,
my hand lost in your warm
strong one. We sucked
sugarcane and laughed
as the sweet
syrup dribbled
down our chins.

At eighty, you walked downtown
twice a day in the summer heat
and in the gray winter days when icicles clung
to the eaves of houses to meet
your friends at Jarvis Plaza. Don Luciano
García Longoria, I wish you were still here
so I could have *conchas y café con natas*
with you at five.

PADRE AUSENTE

¿Dónde estaba ese padre
cuando lo necesité?
Ese que dizque le dio
tanto gusto cuando nací.

Ese hombre guapo, robusto,
piel blanca, mejillas rojizas,
ojos verdes color del mar,
cabello chino como el mío,
el de la bandera mexicana
tatuada en su antebrazo,
recuerdo de sus días de marinero
en el *U.S.S. Memphis*.

Recorrió China, Japón,
Cuba, las Filipinas,
huyendo de sus demonios
que nunca pudo ahuyentar.

Ese que después del trabajo
cambiaba su uniforme de *U.S. Customs*
por traje y sombrero de ala ancha,
frecuentando cantinas en Nuevo Laredo
como La Bala Raza, y en Laredo el *Jockey Club*.

Ese que no recuerdo
un beso me haya dado,
ni un cuento me haya contado.

Ese que no me ayudó con mis tareas
ni estuvo en mi Primera Comunión
ni en mi fiesta de quince años,
ni en mi graduación.

Soy Como Soy y Qué

Ese que aterrorizó mis noches
con desaforados gritos,
mientras sus demonios
en pesadillas lo seguían.
Ese que en mi adolescencia
me llevó un día a los toros,
y me sentí dichosa.

Ese que no supo protegerme
de las injurias y calumnias
del que juró amarme ante el altar,
y se sintió mi dueño.
Ese padre alegre, cariñoso, todo mío
que busque inútilmente.

¿Qué se lo dispute a la muerte?
Eso nunca lo haría.
Le disputo a la vida
ese padre que no estuvo
cuando lo necesité.

VERACRUZ

PREGUNTA SIN RESPUESTA

Hombre,
¿por qué tú eres libre de escoger?
Para ti horizontes sin límites.
Para ti no hay sueño imposible.
Las montañas más altas puedes escalar.
Hasta el fondo de los mares puedes descender.
Te caes.
Te levantas.
El mundo te alaba.

¿Por qué si del mismo barro estamos hechos,
si mi mente es tan ágil como la tuya,
si sentimos lo mismo,
por qué he de ser yo la que baje los ojos,
la débil,
la sumisa,
la que todo lo acepta sin preguntar ¿por qué?

¿Por qué me encasillas?
¿Por qué decides por mí?
¿Por qué ante mis ojos he de ver el mundo pasar?
¿Por qué cortas mis alas antes que aprenda a volar?
Hombre, dime ¿por qué?
¿Por qué no he de ser libre, tan libre como tú?

VISLUMBRE

Mis ojos brincan de un lado a otro
transmitiendo imágenes a mi cerebro
desconocidas para mí.
El Río Grande que me vio nacer
palidece ante el esplendor del Papaloapan,
ancho,
fuerte,
caudaloso,
imponente en su importancia.
La casa de campo, mariposa exótica
entre palmeras y mangales,
con anchos corredores de mosaicos
de talavera, amarillos, azules,
mujeres en sillones, catrezuelos,
niños correteando alrededor,
carcajadas de hombres a lo lejos
siempre lejos de las mujeres
brindando con toritos de guanábana
y Bohemias frías, botaneando
con taquitos de carnitas
en espera de la tortuga en su sangre,
los tamales de elote, el mole poblano.

"¡Allí vienen los recién casados!"
"¿Quién?"
"¡Pos quién va a ser, el Manolo y su gringa!"
"¿Se casó con una gringa? No tiene el pelo güero".
"Es pocha".
"¿Qué no encontró una jarocha que le cuadrara?"
"Pos yo creo que no. Dejó a la Carolina plantada
casi a la puerta de la iglesia".
"A ver cómo le va con su gringa. Dicen que no
saben cocinar, comen puras cosas de lata,
'perros calientes' y hamburguesas. Pa' las

pulgas del Manolo".

Nos acercamos al grupo de mujeres.
Manolo me suelta la mano.
Mi piel pegajosa del calor húmedo,
fría de tensión. Me presenta a las mujeres.
Me abandona. Se reúne con los hombres.

Incómoda,
ignorada,
escucho interminables diálogos
de la pereza de la servidumbre,
de las infidelidades de sus maridos,
de las gracias de sus nenes,
de recetas culinarias,
de las maldades de sus suegras.
Me paro del sillón.
Voy en busca de mi marido.
Me siento a su lado.

"Ya viene tu gringa a buscarte, Manolo".
Su voz seca, "¿Qué haces aquí?"
"No conozco a nadie. Quiero estar contigo".
"Regrésate con las mujeres. Éste no es tu lugar".
"Pero".
"¡Nada! ¡Haz lo que te digo! Me estás poniendo en ridículo".

Rechazada, reprimiendo las lágrimas
que asoman a mis ojos,
regreso a mi lugar.
¿Cuál es mi lugar?
¿El de mujer sumisa?
¿De madre abnegada?
¿De esposa relegada?

Una vislumbre

de lo que será mi vida
atraviesa mi mente.
Lejos de mi patria,
de mi familia,
llena de dudas,
de incertidumbre,
a regañadientes,
regreso a mi lugar.

RETRATO DE UN HOMBRE

I.

Lobo feroz,
enloquecido por el olor
a hembra en celo,
ruge solitario
aúlla su despecho
a la lejana luna.

Flor carnívora
atrapa incautos
con su aparentemente
inofensiva belleza.

II.

Eres el Mar Muerto,
extraño,
lejano,
foráneo.

Eres Don Juan Tenorio,
Casanova,
Barba Azul,
reencarnados en un solo hombre.

Eres prenda íntima de mujer.
Acaricias la piel ardiente,
aspiras la miel que brota
de sus poros.
Eres el recipiente de porcelana
de todos los desechos de mi alma.

EGOÍSMO

Me deseabas sumisa
para demostrar tu hombría.

Me deseabas fiel
y de la fidelidad te burlabas.

Me deseabas casta
cuando de los burdeles no salías.

Me deseabas bella
pero que escondiera mi belleza.

Me deseabas inteligente
pero nunca más que tú.

Me deseabas tonta
para creer en ti.

Me deseabas madre
para tú ser libre.

Me deseabas confiada
y tú de celos morías.

Me deseabas fría
hasta que tú me encendieras.

Me deseabas fuerte
para no pedir ayuda.

Me deseabas débil
para aguantarlo todo.

Y tú que exigiste tanto

¿qué me diste a cambio?

Días de soledad sin una
persona adulta con quien hablar.

Noches de soledad
hasta que al amanecer llegabas
oliendo a aguardiente y a perfume barato.

Semanas de soledad
mientras tú vivías la vida.

Meses de soledad
en que mi juventud se apagaba.

Años de soledad
en que deseé la muerte.

AQUELLA NAVIDAD

En el recodo más hondo de mi mente
hay algo que cuando sin querer
se desliza entre mis recuerdos
como reptil venenoso.
Tiene el poder de hacerme polvo.

Aquella Navidad
traté de alegrar con un pinito
nuestro hogar.
Los niños me lo pedían cada año.

Cuando era niña
nunca faltó el pinito en Navidad.
El ritual de escogerlo,
adornarlo con esferas
y lucecitas en forma de frutas
que Mamá cuidaba con amor
era después de la llegada de Santa Claus,
la parte más emocionante de la Navidad.
Después de tantas navidades sin pinito
ese año me rebelé.

Desobedecí tus órdenes.
Desbordando de alegría
llegué con el pinito a casa
dispuesta a afrontar las consecuencias.
¿Qué podría pasar?
Dejarías de hablarme unos días.

Llegaste.
Viste el pinito.
Tu rostro enrojeció,
se desfiguró.
De tu ronco pecho salieron

gritos, maldiciones.
Agarraste el pino de una punta.
Lo jalaste al patio.
Colgada de la otra punta,
yo lo jalaba hacia adentro.

Enfurecido,
a machetazos,
hiciste trizas el pinito.
Yo supliqué.
Los niños me abrazaron
llorando, asustados
gritaban, "¡No, Papi, no!"
Cuánta rabia guardabas hacia mí.
En cada machetazo,
descargabas tus complejos,
tu rencor,
tu frustración,
aquella Navidad.

DAY Of THE DEAD

I lie in bed a thousand miles
away in the village
of Nopaltepec, my womb empty
as a *tecomate*
without water.

My maid shrieks, "*¡Patrona!
¡Patrona! Dijeron en la tele
que mataron a su presidente*".

Her words bounce
off my mind like water drops
on a hot *comal*. President
Kennedy has been killed.
The news fills
my heart like *piedras de río*.
Tears come again and mingle
with those shed
hours ago for my baby born
before its time.

"You must not get up, *señora*.
El doctorcito forbids it."

I rise,
gaze at black
and white images
far away.
I mourn
alone,
for my lost
baby,
with my nation,
with the world,

for the sky
is falling and
there is
no place
to hide.

CULPAS

Pesadillas de mi infancia.
Deseos prohibidos.
Imágenes eróticas.
Niña mujer.
Mujer niña.
Acusan las voces.
Señalan los dedos.
La niña es culpable.
Culpable es la niña.
Mujer tentación.
Tentación de mujer.
Soy Eva encarnada.
Soy virgen violada.
Soy juez, jurado y verdugo.
Implacable conmigo.
Me impongo el castigo.
Sangro.
Sufro.
Me ahogo.
Mi mente confusa.
Necesito un oasis
en cual descansar.
Que las cálidas aguas,
balsámicas aguas,
reciban mi cuerpo,
mi cuerpo de niña,
de niña mujer.
Culpas ajenas.
Ajena a las culpas.
El castigo levanto.
Levanto el castigo.
No sufro.
No sangro.
Ya no me ahogo.

No tengo más culpa
que haberme sentido
culpable de todo,
culpable de nada.

EL VARÓN DOMADO

Como dice la canción,
"¡Y tú que te creías
el rey de todo el mundo!"

Hay un trecho muy grande
entre El Rey de las Cucas
y El Varón Domado.
De las cantinas y burdeles
echándote Bohemias frías
con cualquier mujerzuela barata
haciéndote sentir un gran señor,
a un mandilón niñero
de quienes podrían ser tus nietos.
Meciéndote en una hamaca
el semblante huraño,
sin rasurar,
la vista perdida,
sin ver las palmeras
que se mecen con el viento,
ni el río de las mariposas
tan domado como tú.

EL FESTÍN

Un moño negro en la puerta.
La sala, convertida en capilla
ardiente, deja huellas indelebles
entre sus paredes encaladas.
Mujeres vestidas de negro,
cabezas cubiertas, lloran
alrededor del cajón gris.
El cadáver yace entre mullido
satín blanco que no conoció en vida,
su guayabera blanca, tiesa de almidón.
Cruzadas sobre el pecho, sus manos
rugosas color de la tierra que tanto amaron.
Manos de campesino acostumbrado
al trabajo duro, en total desacuerdo
con esta última morada.

Un cirio encendido en cada esquina.
Una cruz de metal al centro.
Embriagante mezcla de olores,
a velas, a flores, a sudor,
asaltan al que entra.
Pasan charolas con café de olla
en jarritos de barro,
Coca Cola en vasos desechables,
conchas y torta mestiza
para amenizar el velorio.
El sonsonete adormecedor del rosario
suena en labios de la beata del pueblo
como el zumbido de abejas
en una tarde de verano.
"Virgen del Socorro".
"Ruega por él".
"Virgen milagrosa".
"Ruega por él".

Soy Como Soy y Qué

Mujeres rogando por el descanso eterno
de quien en vida no pisó una iglesia.
Los dolientes se refugian en la recámara.
Tras la puerta cerrada se escuchan
gemidos desconsolados. Afuera
los hombres reunidos en grupos.
Se confunden dolientes y amigos
entre risas, chistes, y toritos de alcohol
pa' suavizar la pena. La noche obscura
iluminada solo por la lumbre de la paila
de cobre, negra de tizne. La noche obscura,
cálida, pesada de humedad,
del olor del huele de noche.
En las brasas, las carnitas crujen
en la borboteante manteca.
La barbacoa de borrego
envuelta en hojas de plátano
despide olor a acuyo, a hierbas de olor.
Una indígena, hermética,
trenzas negras coronando su cabeza
palmea tortillas de maíz.

El quiquiriquí de un gallo
anuncia el próximo amanecer.
Escalofriante pensamiento cruza la mente
de los que hasta ahora
se sentían inmunes a la muerte,
haciéndolo a un lado
como a una telaraña.

SOÑANDO A ORILLAS DEL PAPALOAPAN

Tendida sobre el pasto
de cilantro de la habana,
bajo un frondoso palo de mango
como hormiga bajo un hongo gigante.
El sol se filtra entre las espesas ramas,
dibuja tatuajes misteriosos
que flotan,
que giran,
sobre mis pálidos muslos,
libres de trapos, capricho impuesto
del que se cree mi dueño.

Bajo el palo de mango,
sueño ser libre,
para correr por las calles del pueblo
cuando llueve,
sentir las gotas frías
resbalar por mi rostro
empapándome el cabello,
la ropa, como cuando era niña
sin que nadie me reproche
ni me llame loca.

Bajo el palo de mango,
sueño ser libre,
para ir a la playa,
sentir la arena cálida
bajo mis pies,
la sal del mar en mis labios,
saltar las olas,
broncear mi piel,
respirar la vida por los poros
como cuando era niña,
sin que nadie me reproche

Soy Como Soy y Qué

ni me llame loca.

Bajo el palo de mango,
sueño ser libre
para escribir,
para pintar,
para ir a la universidad,
para aprender mil cosas
como cuando era niña
sin que nadie me reproche
ni me llame loca.

Bajo el palo de mango,
cuajado el aire de olores,
a río de mariposas,
a tierra mojada,
a cilantro de la habana,
a hierba buena y acuyo,
a gardenias en flor,
a mameyes de pulpa rosada,
a guanábanas espinosas,
a limas madurando bajo el sol tropical,
aquí doy rienda suelta
a mis sueños locos
soñando que soy libre
como cuando era niña.

CIERRE DE CAMPAÑA

¡Por poco y no regreso para contarlo!
Miles de gentes,
mujeres, hombres, jóvenes, niños, ancianos
alrededor del estadio Pirata Fuentes en Veracruz
tratan desesperadamente de entrar.
Puertas masivas de fierro
se cierran una tras otra.
Gente grita, corre,
de una puerta a otra.
Corren alocados
como hormigas cuando les tapan su hormiguero.

Hilos de sudor se deslizan por mi cuerpo.
Ambiente pesado de humedad.
Tremendas bocinas expulsan gigantescas notas de *rock*.
Mi corazón a punto de explotar.
Mi amiga al pie de la puerta.
Se abre un poco para la prensa.
Como rinoceronte enfurecido
mete su cuerpo entre las puertas.
La gente empuja.
Seguridad en valla.
Me falta aire.
La valla se rompe como un dique
ante la fuerza bruta de la gente.

El estadio por reventar
con cuarenta mil personas.
El arrastre no es el candidato Miguel Alemán Velasco
sino Juan Gabriel, Lucero, y la esposa del candidato
Christiane Magnani, la Miss Universo de los años 50.

No hay donde tomar agua
ni comprar un refresco ni ir al baño.

Soy Como Soy y Qué

Un fulano adueñado del micrófono
nos bombardea sin cesar con
porras para el PRI y Miguel Alemán.
Un globo inmenso lleno de hielo
flota arriba del estadio
con las iniciales del PRI
y los colores tricolor.
Muchachas trigueñas lucen trajes de jarocha
de organdí blanco y delantal negro,
gallardos jóvenes con el traje negro,
ceñido de charro esperan su turno
para entretener al público.

Después de dos horas
llega el candidato de guayabera blanca
rodeado de guaruras.
Entra Christiane con una gran sonrisa,
vestido ceñido color turquesa,
luce bellas piernas,
melena color miel.
La acompaña Anthony Quinn,
actor de Hollywood,
viejo rabo verde,
de pelo y barba blanca
un verdadero Matusalén
amigo de Miguelito,
como le dice el pueblo de cariño.

¿Qué hago yo aquí?
la pocha, la Tex-Mex
entre este barullo político
que ni me viene ni me va?
¿Qué hago yo aquí
entre políticos
que prometen y no cumplen,
que en vez de servir se sirven

y con la cuchara grande,
que le dan circo al pueblo
como en la antigua Roma
para mantenerlo manso?

Quizás estoy presenciando
los últimos estertores del PRI
y el despertar de un pueblo.
Un pueblo al que me une la sangre,
la que corre por mis venas
la que derramó mi tío abuelo
el Col. Carlos Fierros en la revolución.
Un pueblo que fue ganando mi corazón
poco a poco en los veinte años que viví allí.
Un pueblo que cambió a Porfirio Díaz por el PRI
y la diferencia fue escasa.
Ganará Alemán no el PRI.
La lucha sigue.

EN AGRADECIMIENTO

Ella
lleva nombre inglés.
Nombre de reina.
De la reina virgen de Inglaterra.
Nombre que le viene grande.
Choca con su aspecto indígena
y su apellido español.
Camina encorvada,
queriendo disimular su altura,
arrastrando enormes pies
imposibles de disimular.
Es joven, sin garbo,
con ojos grandes, obscuros
que la salvan de la fealdad.
Una mujer gris,
de familia humilde,
doctora en medicina.
Su voz suave,
melosa,
engañosa
tan distinta a la mía.

Él
de estatura baja,
con todos los complejos
del hombre chaparro.
Pequeño de espíritu.
Sesentón.
Su frente más ancha cada año.
De patillas plateadas,
de raíz ya no tan recta
después de una caída.
Huellas del hombre guapo
en el rostro hinchado por los excesos.

Vestigios del atleta de ayer
en su cuerpo ágil, delgado.
El macho más macho de la región.
Carismático.
Hijo amoroso, respetuoso.
Amigo leal, generoso.
Marido infiel, violento.
Padre incomprensivo, ausente.
El cañero acaudalado.
El don de apellido rimbombante.
El príncipe azul
para una Chabela cualquiera.

Yo
la esposa engañada.
¿En qué fallé?
¿Qué tiene ella que no tenga yo?
Preguntas que ya no me hago.
Les estoy agradecida.
Sobre todo, a Ella.
He conocido Europa,
la amistad sincera de un hombre,
la delicia de ser libre,
la dicha de estar sola
sin sentir soledad.
De no ser por Ella,
no habría escrito poesía,
ni actuado en un escenario,
ni pintado un cuadro.
Seguiría atada,
a ese hombre pequeño
de criterio estrecho,
con obligaciones
pero sin derechos,
en un desierto espiritual.

ES MEJOR CORTAR POR LO SANO

Un día me di cuenta
que ni tú ni nada tuyo
me importaba.
Te he dejado de querer.
Ha llegado la hora de romper.
No me das frío ni calor.
Eres un extraño.
Temo que la indiferencia
se convierta en odio.
Es mejor cortar por lo sano.

La soledad en compañía.
Vivimos juntos.
Conversamos.
Nos acostamos.
Y me siento aplastantemente sola.
No quiero estar a solas contigo.
No tenemos de qué hablar.
Paso de la indiferencia
a la mala voluntad.
Es mejor cortar por lo sano.

No quiero que me toques.
Las caricias y fantasías
que antes necesitaba
como el aire para vivir
se han vuelto desagradables.
Es mejor cortar por lo sano.

Se puede destruir un alma
sin insultos ni golpes.
Hay maneras más sutiles
de vejar,
de herir.

Me tratas con desdén.
No le das valor a mis intereses.

Maltrato sutil
que mina
que anula
que destruye el espíritu
que hace más daño
que el abuso declarado.
Es mejor cortar por lo sano.

No es egoísmo.
Es instinto de conservación.
Me comparas con otras mujeres.
Te comparo con otros hombres.
Cuando el amor se acaba,
para evitar una gangrena del espíritu
es mejor cortar por lo sano.

Parejas unidas
por la costumbre,
por lástima,
por gratitud,
por los hijos,
por evitar el mal rato de un divorcio.
Así se cumplen
bodas de oro,
bodas de indiferencia,
bodas de amargura,
bodas de odio.
Es mejor cortar por lo sano.

AHORA

DOS MUJERES EN NUEVO LAREDO

Gotas de sudor brotan
de mi labio superior. Me miro
en el espejo. ¡Qué facha!
Espero en mi elegante carruaje
sin caballos vuelto un horno
candente por los ineludibles
rayos solares. Necesito comprar
lentejuelas. La mercería está
cerrada. Es hora de la siesta.

Ya me sé la calle de memoria.
Veo el estanquillo de aguas frescas
como oasis en el desierto pero también
está cerrado. El cine donde en mi
adolescencia oí cantar a Pedro Infante
en persona, hoy con puertas
desvencijadas y ventanas rotas.

Se acerca una mujer. Abre una llave
y llena una olla de peltre. Vacía
el agua en su cabeza. Saca una laja
de jabón negro de un morral. Se enjabona
el pelo encanecido, las axilas, las piernas.
Se quita la falda desteñida, demasiado
corta y su ropa interior sin pudor alguno.
Cambia su ropa sucia sin enseñar demasiado
su flácido cuerpo. Los peatones ni la ven.
Es pan de cada día.

Camina hacia mí. De su boca salen sonidos.
¿Será loca?
¿Será de la zona?
¿Tendrá hijos?

Soy Como Soy y Qué

Me invento historias. Balbucea algo
con labios torcidos en mueca de risa
que no llega a sus ojos negros,
muertos pozos de soledad.
Lleno de monedas su palma extendida.
Acallo mi conciencia,
pero la boca me sabe a cobre,
me sabe a hiel.

WHERE DID THAT GIRL GO?

A young couple in the next booth talks.
I eavesdrop, one of my favorite pastimes.
"Don't call me girl! I'm a woman, not a child."
I look at her,
child-woman,
woman-child.
I smile. She *is* a girl.

As I eavesdrop, I understand
the child-woman
who doesn't want to be a girl.
A woman commands respect.
Would she listen if I said,
"Life is long,
life can be hard.
Don't grow up too fast"?

My aunts reminisce. Pepa, with round
glasses and thin white hair in a bun,
sits across from me and asks Chata, thin
with skin like *papel de china*, "Do you
remember the girl...?" They talk
about a time before they knew
what they know now. They were girls
then. They still are.

It was a time before sexual stereotyping,
before role models,
before consciousness-raising,
before these things invaded
their afternoons,
before the word "girl"

Soy Como Soy y Qué

was given a bad name.

The couple in the next booth leave.
I finish my coffee, open my compact
to freshen my lipstick. *Patas
de gallo* line the corners of my eyes.
Where did that girl go?
I remember Sister Hyacinth yelling,
"C'mon girls, let's go," as we played
softball during recess. And we went!
The extra burst of energy,
the feel of the wooden bat in our hands,
the hot sun on our faces.
No wedding rings on those hands, not yet.

Helen and I were on the phone
as soon as we got home from school.
Mystified, Mom said, "What could you
possibly have to talk about? You've been
together all day?"
"*Cosas,*" I replied. The word "girls" brings
all this back. Girls, *chalinas* on their bowed
heads, praying at the convent chapel,
in the pep squad jumping
up and down in their maroon-and-white skirts,
in ponytails and poodle skirts whispering
secrets not meant for boys to hear.
Before husbands and children,
before houses and in-laws,
before stiff knees and *patas de gallo*,
before dreams were set aside.

When I call myself a girl,
it's because these things
are still alive in me.
No sad break between

who I was and what I am.
My selfhood is unbroken.
My mother calls,
"Hi, girl."
To her, I *am* a girl.
It's good to be a girl again.
She isn't gone for good.

Soy Como Soy y Qué

M. M.

Rubia platino,
ojos azules con destellos de tristeza,
con más curvas que la cuesta de Mamulique.
La cámara acariciaba
tu mezcla de sensualidad,
de inocencia.
Eras todo lo que yo deseaba ser.

La prensa te adoraba.
Preguntaban, "¿Qué usas para dormir?"
"Chanel #5".
"¿Qué tenías puesto cuando posaste
para el calendario?"
"La radio".

Yo, ingenua muchacha pueblerina,
dejé la frontera
a orillas del Río Grande tejano
para vivir
a orillas del Río Papaloapan
veracruzano.
No volví a leer *Photoplay*
ni oír música en inglés.
La época de Elvis,
de los Beatles,
al igual que las guerras de Corea
y Vietnam pasaron desapercibidas para mí.

El hombre de mis sueños,
el amor de mi vida,
no me permitía hablar inglés,
ni usar pantalones,
ni shorts.

Sin radio,
sin teléfono,
sin coche,
sin amigas,
sin familia,
sin marido.

El hombre
que había jurado fidelidad
ante el altar
pasaba su tiempo libre
con sus compinches
en La Calandria,
cantina de mala muerte,
enamorando a cuanta piruja
se cruzara por su camino.
Se terminó mi juventud,
mi alegría.
Empezó mi soledad,
mi desdicha.

Marilyn fuiste quedando en el olvido
hasta que leí que habías muerto.
Tú que lo tenías todo ya no existías.
¿Qué me quedaba a mí que no tenía nada?
Luché años por conservar mi hogar.
Luché por mis hijos que tenía
prohibido hablarles en inglés
arrullándolos en el sillón de bejuco
cuyo rechinido hacía eco a mi voz
tarareándoles "La muñeca fea",
leyéndoles las aventuras de "Peter Pan"
hasta que se dormían,
revisándoles sus tareas de la escuela,
llevándolos al doctor de madrugada,
disciplinándolos,

inculcándoles mis valores,
defendiéndolos contra el mundo.

Regresé derrotada a Laredo,
a mi tierra, sin ilusiones.
Emprendí un negocio,
Taylor Rental Center,
dominado por hombres rudos,
mal hablados, mal olientes.
Aprendí a valerme por mí misma.
A valorarme.
Empecé a escribir
de mi pueblo de calles polvosas,
donde volaron siete banderas,
de mis recuerdos,
de mis angustias,
de mi amor,
de mi desamor.

Marilyn,
te compadezco,
pero no te comprendo.
Duele ver tus últimas fotos,
ojos entrecerrados,
boca húmeda,
entreabierta, con una sonrisa
que no llega a tus ojos.
Una mujer en total desacuerdo
con el mundo que la rodea.
Fantasmas de los bebés
que deseabas quedaron truncados
dejándote vacía y vulnerable
con pesadillas y noches de insomnio.
Saltaste cama en cama
para llegar a la cima.
Creíste en el amor de hombres

poderosos buscando una noche
de amor a escondidas.
Marilyn
no te juzgo ni te condeno.
Tú elegiste tu destino.
Yo el mío.

HASTA EN LA SOPA ME LOS ENCUENTRO

Under the scarce shade of a huisache
that lessens the burning rays of the
mid-afternoon sun, I try to paint
on the white canvas *lo que ven mis ojos,*
el azul turquesa de un cielo sin nubes,
the tender green *que estrenan los mezquites,*
in the spring, *la tierra gris, dura como el barro,*
the muddy water *del Río Grande.*

A vehicle approaches, mars the peaceful
scene. *Se para* in front of me; blocks
my view, as familiar and as welcome
as a *víbora de cascabel.* A smiling, sweaty
face with *pelo color de elote,* a high-pitched
voice tries to sound nice. "Afternoon, ma'am.
Seen anybody round here?" I look up.
"Anybody?"
"You know...wetbacks."
"No! And if I had I wouldn't tell you!"
His smile dissolves
like a drop of rain on a hot *banqueta.*
Screeching tires, a cloud of dust.
¡*Desgraciado*!

Voices hum in the room like leaves rustling
on a summer night. Soft music, dim lights,
pleasant conversation. I sip my Chianti and chat
with the tall *gringo.* "What line of work are you in?"
His green eyes avoid mine. "Uh...I'm a pilot."
"Really? With what airline?"
He flushes. "I'm not with an airline. I fly a helicopter."
"How interesting. Air ambulance?"
"With the Border Patrol."
Las palabras saltan de mi boca como pepitas

en comal caliente without thinking.
"Oh! *La migra* the enemy!"
"That's why I didn't want to tell you. I'm quitting
next month. I'm burned out.
It gets to you after a while,
the abuse,
the misery,
the frustration with the system..."

For his compassion,
for his sincerity,
for being one of "the uncommon few"
lo recordaré.

¿VELADA O VELORIO?

¿Me habré equivocado de lugar?
Me asalta el ruido del "güiri-güiri"
normal en una reunión social.
"Hi, how are you? It's been ages."
Grupos de personas ríen.
Se ponen al corriente de sus vidas.
Comentan la ausencia o la presencia
de fulanito o menganito.
El cura sale caravaneando de la capilla,
una sonrisa en sus labios,
como torero partiendo plaza.
Si no fuera por las bancas, las coronas
y sobre todo el difunto, juraría
haberme equivocado de lugar
inadvertidamente asistiendo
a un coctel de bienvenida.
Solo faltaban las copas de vino y los canapés.
No sé por qué me ha molestado.
Ni siquiera era mi muerto.

Yo recuerdo los velorios
donde se rezaba,
donde se lloraba,
donde se hablaba poco y en voz baja,
donde había olor a flores, a velas,
donde se sentía el peso del dolor
y se compartía.
He asistido a velorios
donde el tambor de la banda sonaba
quejumbroso al darle tres vueltas
a la plaza detrás del féretro.
A Jorge Negrete, el charro cantor,
lo despidió el pueblo con el mariachi
en el panteón con "México lindo y querido",

las trompetas y violines llorando su despedida.
Cuando asesinaron al presidente Kennedy,
me levanté de la cama haciendo a un lado
mi dolor personal después de un aborto prematuro.
Desde un rancho perdido
en la campiña veracruzana,
por medio de la televisión
asistí a su velorio y a su entierro.

Qué distintos mis recuerdos.
Qué distintos velorios.
El día de mi velorio,
no quiero capilla ardiente
ni rosarios de rutina,
ni limusinas a la puerta.
Que me velen en mi casa,
en mi querida casa antigua,
rodeada de los que me quisieron
y de los fantasmas que se aparecen
en las casas del *Depot District*,
los que sientan mi partida,
los que no quieran hablar de necedades,
los que prefieran recordar los viejos tiempos,
los que rieron conmigo,
los que lloraron conmigo,
los que alzaron la copa conmigo,
los que me tendieron la mano de amigo.

Sentada cerca del ataúd escucho
a una mujer muy emperifollada,
"Qué bien quedó. Parece que está dormido".
Contesta su amiga, "¿Te parece? Yo no lo veo así.
No es ni la sombra de lo que fue".
"Pues ni modo, comadre, está muerto".
Si yo fuera el difunto en este velorio
tan hueco, tan falta de sentimiento,

creo que revivo de la ira
y en voz de ultratumba grito,
"Get the hell out of here
and let me rest in peace!"

Raquel Valle-Sentíes

IF SHOES COULD TALK

Stacks of shoe boxes
    on top of each other
        teeter in the walk-in closet
like cheerleaders
    during practice.
Shoes in a palette of colors
    like a sarape,
        shoes in pastel hues
like a Southwest painting,
    plastic see-throughs
        a Cinderella parody,
black shoes a la
    Minnie Mouse,
bare-back, bare-toed
    high heels, short heels
        flats, Nikes, espadrilles,
granny boots, cowboy boots
    in leather supple as a
        woman's thighs.
He comes home from work,

Soy Como Soy y Qué

    removes his loafers,

        slips on the sequined pumps,

primps before the mirror,

    his secret no one knows.

HARD BODIES, PERFECT PARTS

We begin to jump and shout
when the disco music starts.
All we ever think about
is hard bodies, perfect parts.

Press your tummies to your back.
Keep your buttocks nice and tight.
The instructor's keeping track
of hard bodies, perfect parts.

Every day we hear our plight,
hoping exercise converts
flab and fat and cellulite
to hard bodies, perfect parts.

Amidst race crimes, war, and famine,
and though our planet falls apart,
how futile and how libertine
to seek hard bodies, perfect parts.

NONSENSE POEM

This Sunday
seamstress settles
on a Looney
Tooney day as words
whisper
and whistle
breaking the meek
monotony of
a melting
morn and glistening
grackles,
black avenging
angels and
cherubic babes
in limbo babble
lullabies to mothers
with empty arms
who croon and die
and swoon as the
setting sun smiles
crowning clouds
in colored tresses and
the south
wind blows like
the whistle
on a train
and shreds
the clouds into
confetti-like
pieces that fall
to earth
at fiesta time.

SOMETIMES

Words flood my brain
like the Rio Grande
floods its banks.
My mind absorbs
the rush faster
than the parched *tierra*
soaks up rain falling
around my *nopal*.

The words flow
to my fingers
to the keyboard
to catch the drops
of inspiration
before they fizzle
like water on
a hot *banqueta*.

Sometimes
it works
and my soul
perks up
like the leaves
of my *hierba santa*
after a good soaking
and the barren paper
blooms with gusto.

EL SALÓN DE BELLEZA

Al salón de María Elena
cada viernes voy a dar.
Mis problemas dejo afuera
allí voy a disfrutar.

Con mi taza de café
Polly allí siempre me espera.
Ella cuida de mis uñas
es experta y muy certera.

Nena de mi cabello se hace cargo
mientras cuenta con paciencia
que si vino sutanito o
se huyó con la Inocencia.

Tere dice, "Pedacito,
¿qué canción te pongo hoy?"
"La D'Allesio", le contesto.
"Pues me llega al corazón".

Entre chisme y risas
cafecito y canciones
en el salón de María Elena
se logran transformaciones.

DESFILE MÉXICANO

Como afloran sentimientos
cuando llego a escuchar
esos ritmos veracruzanos
que jamás podré olvidar.

Un mosaico de colores
ven mis ojos desfilar
esos típicos bailables
que tanto me hacen disfrutar.

Los varones van de blanco
zapateando al compás
de ese son tan conocido
titulado "El Colás".

Con traje blanco y mandil negro
las jarochas van pasando.
En sus manos su abanico
y con la música disfrutando.

Allí vienen los vaqueros
con el fuerte retintín.
Su música norteña
alegra cualquier festín.

Pasaron los Chiapanecas
con sus trajes muy vistosos,
bordado un jardín de flores
en colores primorosos.

Con el "Jarabe Tapatío"
van dejando a su pasar
un motivo de alegría
que jamás podré olvidar.

THE CARDINAL'S VISIT

Regal, robed in crimson,
his visit eagerly awaited.
Sure of his welcome,
he struts, a graceful gift from God.
Flitting from limb to limb,
he perches on a bare branch,
descends to the stone angel
holding his tray, a checkerboard
of white millet and black pumpkin
seeds. Tiny wrens make way
for his majesty, the cardinal.
Red crest stands out like a biretta,
orange beak swells to greet
the morning with a melodic note
as I, too, welcome the cardinal on his daily visit.

DANZA CONCHERA

Me gusta el olor a copal
el humo sagrado de la urna negra
purificando el ambiente.

Me gusta el sonido melancólico
del caracol.

Me gusta el ritmo hueco
del tambor,
signo del sol
del corazón.

El castañeo de los ayoyotes
amarrados a los tobillos
de los danzantes
suena como la cola
de una víbora de cascabel.

Jóvenes y viejos unidos
en alabar a Dios.
"Él es Dios. Él es Dios".

Bailan descalzos.
Sus pies rugosos
aspiran la energía
que despide la Madre Tierra
volviéndose unos con ella
la que algún día
los acogerá en su seno.

El zapateado intrincado

de los danzantes
suena más y más recio.

El antiguo ritual de danza
de sus antepasados
desde antes que llegaran los españoles
desde antes del mestizaje
sigue siendo parte de la vida
de los danzantes concheros

HACIA EL INFINITO

Noche tibia,
sensual aire
mezcla de perfumes
de huele de noche
de gardenias
acaricia la piel ardiente
de mi desnudo cuerpo
que flota,
que gira,
en un baile erótico
que de mis poros brota.

La luna llena
adorna el manto negro
de la laguna
con listón de plata.
Me atrae como imán.
Sobre su sendero
doy mil piruetas
hasta que poco a poco
la luna me transforma
en bella mariposa
plateada como ella.
En mis alas traza
exóticos dibujos
de esmeraldas verdes
como la selva bajo el sol,
con rubíes obscuros
como flor de Jamaica.
¡Al fin me siento hermosa!
¡Al fin me siento libre!
Sin pena subo hacia el infinito
buscando en la luna
lo que no encontré en la tierra.

CAMINOS

Vuelvo al lugar de mi exilio.
No temo a lo desconocido
como hace años, ni llevo
la esperanza del ayer, con la vida
por delante llena de ilusiones.
He vuelto a nacer.
Camino que recorrí a los veinte años
con mi amado esperando forjar
un hogar impenetrable al engaño.
Atrás quedaba mi familia,
mi patria,
mi mundo.

El camino serpentea
entre las entrañas de los cerros verdes.
Las palmeras se mecen con el viento,
tan altas que parecen susurrar al cielo.
Huertos de naranjos,
cascadas de buganvilias moradas
y gigantes tulipanes rojos
engalanan el paisaje.

Paso Papantla, tierra de vainilla y brujos,
de casitas de techo de palma, paredes
de carrizo y piso de tierra. Después
kilómetros de playa virgen frente a un mar
picado, gris como el cielo, preludio
del norte que avecina. Ríos anchos,
caudalosos despiden paz. Ranchos enormes
de ganado cebú parecen llevar el cerro
de la silla de Monterrey a cuestas. Vacas
holandesas como Chica, una vaca que venía
cuando la llamaba por su nombre. Perros,
coyotes y cerdos atraviesan la carretera. Dos

campesinos arrastran un burro atropellado.
Inmensos tráilers amenazan. Se adueñan
de la carretera angosta. Chistosas gallinas
rojas con pescuezos pelones como
las que tenía mi suegra.
Agua de coco,
jugo helado de piña,
coco con chile,
tortillas de coyol delgadas como hostias,
de venta en puestos a la orilla de la carretera.

Veracruz, la cuatro veces heroica aparece
en el camino. Altos pinos resguardan la playa
como centinelas solitarios. Desentonan con el paisaje
tropical. Son foráneos como yo. Su famoso
Café de la Parroquia donde meseros en saco
blanco y pantalón negro sirven humeantes
jarras de café negro y leche. Mientras saboreas
tu lechero hombres, mujeres y niños aseguran
venderte el "gordo" de la lotería, o te muestran
hamacas, joyería barata y artesanías de concha
del mar. El Hotel Diligencias con sus portales
llenos de turistas y locales. Recuerdo cuando
paré allí recién casada. Jarochos tocaban
alegres sones en la marimba, mientras
saboreaba un *mint julep*, y jamón serrano
con queso holandés. Me parece tan lejano
todo aquello. Otros días, otro mundo, otra yo.

Diviso Tlacotalpan, la perla del Papaloapan
en la época Porfiriana cuando transitaban
vapores por el Río Papaloapan llevando
franceses y gallegos a la madre patria. Era
el río más grande de México. Tierra de
Agustín Lara, compositor de boleros
melancólicos como él. Hoy parece

Soy Como Soy y Qué

tierra de fantasmas, sus calles solitarias,
su río amansado, su famoso restaurante
La Flecha, con ventanas entabladas. Casas
coloniales de largos corredores con paredes
pintadas de verde bandera, rosa mexicano,
amarillo canario brillan como lentejuelas
bajo el ardiente sol.

Llego a la Cuenca del Papaloapan,
la zona cañera. Kilómetro tras kilómetro
de cañales hondean en la suave brisa.
Trabajan de sol a sol por un sueldo
de hambre. Familias que viven en galeras
comunes defecan al aire libre. Convoyes
de camiones y traileras jalados por tractores
acarrean caña a San Cristóbal, el ingenio
más grande del mundo hasta que llegó
el presidente Echeverría, lo nacionalizó dizque
por el bien del pueblo y se fue a pique. Sus
chimeneas altas vomitan humo; manchan
el cielo de negro ensuciando el ambiente.
Hiede a fango, olor agrio del guarapo, desecho
de la caña molida contaminando las aguas
claras del Río de las Mariposas.

Al final de mi recorrido llego a Cosamaloapan,
pueblo donde viví más tiempo que donde nací.
A diferencia de mí, está casi igual. Están remozando
el zócalo. Buena falta que le hacía. La catedral luce
impresionante puerta nueva. Me gustaba más
la vieja. Quedan pocas casas típicas aplastadas
por el progreso. Sustituidas por cajones
modernos sin personalidad, ajenas a su ambiente
como lo fui yo. Ajena a una sociedad machista,
de mujeres sumisas,

de deseos reprimidos,
de orgullo doblegado,
llenas de hijos,
de obligaciones,
de posesiones,
sin derechos,
sin libertad,
sin esperanza.
Mi corazón late más fuerte.
Me asaltan los recuerdos,
buenos y malos.

No tengo miedo al pasado.
Estoy en paz conmigo misma.
Hace diez años que me salí del huacal,
llena de miedo,
armada de valor
en busca de mi destino.
Hoy vengo de paso, libre para hacer,
para deshacer,
para ir,
para venir,
para dar,
para recibir,
para ser yo.

SOY COMO SOY Y QUÉ

Soy flor injertada que no pegó.
    Soy mexicana sin serlo.
        Soy americana sin sentirlo.

La música de mi pueblo,
la que me llena,
los huapangos, las rancheras,
el himno nacional mexicano,
hacen que se me enchine el cuero,
que se me haga un nudo en la garganta,
que bailen mis pies al compás,
pero siento como quien se pone
sombrero ajeno,
los mexicanos me miran como diciendo:
"¡Tú no eres mexicana!"

El himno nacional de Estados Unidos
también hace que se me enchine el cuero,
que se me haga un nudo en la garganta.
Los gringos me miran como diciendo:
"¡Tú no eres americana!"
Se me arruga el alma.
En mí no caben dos patrias
como no cabrían dos amores.
Desgraciadamente no me siento
ni de aquí ni de allá,
ni suficientemente mexicana,
ni suficientemente americana.

Tendré que decir:
    "Soy de la frontera,
        de Laredo,
de un mundo extraño,
ni mexicano ni americano.

Donde al caer la tarde, el olor
a fajitas asadas con mezquite
hace que se le haga a uno agua la boca,
donde en el cumpleaños lo mismo
cantamos "Las mañanitas" que el
Happy Birthday,
Donde festejamos en grande
el nacimiento de Jorge Washington
¿quién sabe por qué?
Donde a los foráneos les entra
culture shock cuando pisan Laredo,
donde en muchos lugares
la bandera verde, blanco, y colorada
vuela orgullosamente al lado
de la *red, white, and blue*".

Soy como el Río Grande,
una vez parte de México,
desplazada.
Soy como un títere
jalado por los hilos
de dos culturas que chocan entre sí.
Soy la mestiza,
la pocha,
la *Tex-Mex*,
la *Mexican-American*,
la *hyphenated*,
la que lucha por
no tener identidad propia y
lucha por encontrarla,
la que ya no quiere cerrar los ojos
a una realidad que golpea, que hiere,
la que no quiere andarse con tiento,
la que en Veracruz
defendía a Estados Unidos
con uñas y dientes,

Soy Como Soy y Qué

la que en Laredo
defiende a México
con uñas y dientes.
Soy la contradicción andando.

   En fin, como Laredo,
      soy como soy y qué.

Acknowledgments

Grateful acknowledgment is made to the editors of the following publications, in which some of the poems in this collection first appeared:

The Américas Review (Houston, TX): "Culpas" and "Egoísmo"

Cantar De Espejos (México D.F., México): "Soy como soy y qué"

Cariatides (Nuevo Laredo, Tamaulipas, México): "Soy como soy y qué," "Pregunta sin respuesta," "Vislumbre," "El festín," "Egoísmo," "Dos mujeres en Nuevo Laredo," "M.M.," "Cierre de campaña," and "¿Velada o velorio?"

Cruzando Puentes: Antología De Literatura Latina (University of California, Santa Barbara): "Soy como soy y qué"

Entre Guadalupe y Malinche (Austin, TX): "Growing Up *en* Laredo"

Expresión Y Tiempo (México D.F., México): "Hacia el infinito"

El Financiero (Monterrey, Nuevo León, México): "Laredo," "Hasta en la sopa me los encuentro," "Vislumbre," and "Soy como soy y qué"

Floricanto Sí: *A Collection of Latina Poetry* (Penguin Putnam, New York, NY): "Laredo"

Fuentes: Conversación y gramática (Houghton-Mifflin, Boston, MA): "Soy como soy y qué"

Hispanic Poetry Review (College Station, TX): "Laredo," "Growing Up *en* Laredo," "Soy como soy y qué," and "Did *Gringos* Have *Piojos*?"

Mesquite Review (McAllen, TX): "Hacia el infinito" and "Soy como soy y qué"

Red Hot Salsa: Bilingual Poems on Being Young and Latino in the United States (Henry Holt, New York, NY): "Soy como soy y qué"

Saguaro (Tucson, AZ): "Growing Up *en* Laredo"

Tapestry (Laredo, TX): "Soy como soy y qué"

Ventana Abierta (Santa Barbara, CA): "Soy como soy y qué"

Weber Studies (Ogden, UT): "Soy como soy y qué," "Mal de ojo," "Laredo," and "Did *Gringos* Have *Piojos*?"

ABOUT THE AUTHOR

Raquel Valle-Sentíes—poet, playwright, and artist—was born and raised in Laredo, Texas. She attended Texas Women's University, married, and lived in Veracruz for 23 years, where she raised five sons. She returned to Laredo in 1978 and, in 1979, opened Taylor Rental Center, the first equipment center in the city and arguably the first nationwide to be owned and managed by a woman.

Raquel started writing after taking a creative writing class at Laredo Junior College in 1988. Her poetry has been published in the U.S., Mexico, and India in numerous anthologies, including *Floricanto Sí*, *Red Hot Salsa*, *Voices in First Person* (Atheneum Books), *Ventana Abierta*, *Cruzando Puentes*, *Puentes* (Texas A & M University-Corpus Christi), *Yapichantra* (Bijoygarh, Kolkata, India), *Cantar de Espejos*, and *Fuentes* textbooks for Spanish students. She has also been published in the following literary magazines: *The Américas Review*, *Saguaro*, and *Weber Studies*.

Currently, Raquel serves as the 2024-2026 Poet Laureate of Laredo, Texas. This honorary position recognizes her literary achievements and allows her to promote poetry and the literary arts throughout the community.

www.ingramcontent.com/pod-product-compliance
Lightning Source LLC
Chambersburg PA
CBHW071737090426
42738CB00011B/2511